Sophie Tholet

UN AN DE MINIMALISME

Journal à compléter

INTRODUCTION

Après avoir lu plus d'une dizaine de livres sur le minimalisme et avoir moi-même expérimenté pas mal de techniques, je me suis dit : « ce serait top de trouver un cahier pratique qui, au quotidien, nous aide à avancer pas à pas vers cette nouvelle vie ».

J'ai alors commencé l'écriture de ce journal à compléter. Son but est de vous aider à vous simplifier la vie, à vous retrouver en vous posant des questions constructives et à trouver le temps de vivre pleins de vrais bons moments. Je voulais un ouvrage qui vous pousse à agir et à réfléchir alors j'ai choisi le modèle «journal à compléter », chaque jour de l'année vous trouverez un défi ou une question.

Ce petit guide aborde les domaines du désencombrement, de la réduction des déchets, de l'économie, de la santé, des relations, de la gestion de vos activités et du temps, etc. Vous découvrirez vraiment le sens de la phrase phare du minimalisme « Less is More ».

Certaines questions ont été abordées sur ma chaîne YouTube, je vous invite à la visiter (sous le nom de Simply Sophie), il y a des playlists spéciales «minimalisme» et «zéro déchet» qui regroupent beaucoup de vidéos approfondissant ces sujets.

MODE D'EMPLOI

Je vous invite à ouvrir ce livre chaque matin pour savoir quelle sera l'action ou la question du jour. Pour aller plus loin, je vous propose de jeter un coup d'œil sur les jours de la semaine à venir chaque dimanche soir, ainsi vous pourrez anticiper certaines actions. Ensuite, chaque soir vous pouvez répondre aux questions quotidiennes.

J'ai volontairement choisi de ne pas ligner les pages. Ainsi, vous serez libre de répondre par écrit, par dessin ou même par photos. Votre écriture n'en sera que plus libre et en même temps, je voulais économiser un peu d'encre pour l'environnement.

Si vous avez opté pour le format numérique, munissez-vous d'un carnet de notes afin de pouvoir vivre l'expérience à fond !

Je vous souhaite une belle année, riche en découvertes et en renouveau !

1er JANVIER

Quelle est **LA** nouvelle habitude que vous souhaitez accueillir dans votre vie ?

2 JANVIER

Profitez de ce début d'année pour faire un gros nettoyage de votre garde-manger. Que pensez-vous du volume de denrées éliminées? Quelles sont vos habitudes d'achats alimentaires ?

3 JANVIER

Cela fait du bien de commencer une année avec un objectif, une direction qui nous tente. Quel serait votre gros projet pour cette année ? Avez-vous besoin de temps ou d'argent pour le réaliser ?

4 JANVIER

Vivre une vie plus simple et sensée, c'est aussi passer du temps pour son épanouissement personnel. Ce trimestre lisez un livre sur des compétences que vous voulez acquérir.

Quel sujet vous intéresse ? Prenez quelques minutes pour faire des recherches sur les livres phares traitant ce domaine. Quel ouvrage vous tente le plus ?

5 JANVIER

Avant de vous armer de vos sacs poubelles, prenez le temps, maintenant, de déterminer quel genre d'intérieur vous ferait rêver. Un cocon zen ? Un espace épuré au style scandinave ? N'hésitez pas à feuilleter des magazines, à faire des recherches sur le net (sur Pinterest, Google Images, etc.). Pensez à un intérieur qui colle à votre mode de vie. Une fois cette vision claire et précise, décrivez les caractéristiques principales ici.

6 JANVIER

D’après la psychologie jungienne, notre inconscient nous parle. Notre « moi » profond veut nous remettre sur un chemin pour éviter que nous nous égarions. On dit que « la vie nous envoie des signes ».
Avez-vous remarqué des coïncidences qui se répètent ?
Que vous remarquez-vous constamment en ce moment?
Trouvez-vous une explication à ses signaux ?

7 JANVIER

Maintenant que vous avez visualisé votre intérieur de rêve, vous pouvez commencer le désencombrement. Inspirée par la méthode KonMari, faites votre lit et rassemblez tous vos vêtements sur celui-ci. Allez dans votre armoire, votre commode, dans l'entrée, faites un tour de l'appart, le panier à linge, aucun vêtements ne doit être oublié. Une fois tous vos habits réunis, prenez un instant pour contempler votre belle pile.
Alors... Vous n'avez toujours rien à vous mettre ? Maintenant, commencez la sélection. Prenez chaque habit dans vos mains, vous apporte-t-il un sentiment de joie ? Si oui, vous le gardez, si non, vous vous en débarrassez. Comment vous sentez-vous ? Remarquez-vous un style vestimentaire qui se dégage de toutes vos pièces préférées ?

8 JANVIER

Les affirmations positives sont des petites phrases percutantes que l'on se répète avec passion chaque jour afin de renforcer notre confiance en soi et d'attirer la loi de l'attraction. Elles sont toujours courtes et tournées à l'affirmative. Par exemple : « Je suis unique et exceptionnel », « J'ai confiance en moi », « Je gagne ma vie en faisant ce que j'aime », etc.

Profitez de cette journée pour vous créer une affirmation, écrivez-la ici

9 JANVIER

Vous souvenez-vous de tous les cadeaux reçus lors de votre dernier anniversaire ? Des objets ? Si oui, les utilisez-vous ? De qui venaient-ils ? Comment vous sentiez-vous lors de l'ouverture des paquets ? Et maintenant, comment vous sentez-vous en repensant à ces présents ?

10 JANVIER

Aujourd'hui je vous invite à prendre un moment pour vous occuper du courrier papier en attente (juste celui en attente). Combien de temps cela vous a-t-il pris ? Comment vous sentez-vous ?

11 JANVIER

Quelles sont vos priorités dans la vie en ce moment ? Identifiez-en au minimum trois.

12 JANVIER

Aujourd'hui, analysez les entrées et sorties d'argent que vous avez eu au cours des trois derniers mois, chaque ligne à son importance. Etablissez des catégories (logement, transport, assurances, énergies, télécommunications, alimentation, sorties, loisirs, achats compulsifs, cadeaux, etc.) et notez le montant dépensé pour chacune d'entre elles. Gardez cette liste pour plus tard.

Quelle dépense vous a le plus surprise ? Pourquoi ?

13 JANVIER

Nous sommes tous nés avec quelque chose en nous. Appelez cela passion, mission, vocation, comme vous voulez. En tout cas, nous sommes tous attirés par quelque chose en particulier. Soit c'est assez clair pour vous, soit vous êtes en train de vous bombarder de questions. Pour vous aider, commencez par vous demander : « Depuis tout(e) petit(e), à quelle activité revenez-vous sans cesse ? ».

14 JANVIER

Quel volume de déchets générez-vous ? (déchets, recyclable, verres, cartons,...) Pensez-vous pouvoir le diminuer ?

15 JANVIER

Accoler un « Stop Pub » sur votre boîte aux lettres aujourd'hui. Certes il y aura quelques loupés de temps en temps mais en règle générale votre boîte sera moins remplie. Si vous avez l'impression d'avoir absolument besoin de ces prospectus, prenez un instant pour vous abonnez aux versions numériques. Notez également que vous avez toujours à disposition ces prospectus à l'entrée de votre magasin préféré

Qu'en pensez-vous ? Consultez-vous ces brochures ?

16 JANVIER

Qu'avez-vous fait lors de votre dernier anniversaire ? Quels souvenirs vous reviennent ? Avez qui et où étiez-vous ? Avez-vous profité de l'occasion pour faire une sortie ?

Quels sont vos meilleurs souvenirs d'anniversaires passés ? Vous souvenez-vous plus des cadeaux reçus ou des moments de vie?

17 JANVIER

Parlons épargne, que ce soit pour financer votre grand projet de l'année ou pour voir venir en cas de coup dur, il est toujours important d'avoir un peu d'argent de côté.
Que vous soyez étudiant, au chômage, salarié, indépendant ou à la retraite, nous pouvons tous mettre une petite somme de côté. Le tout est de prendre l'habitude de mettre un montant tous les mois.
Vous pouvez choisir le défi des 52 semaines d'épargne par exemple. Il consiste à mettre chaque semaine une somme d'argent de côté (semaine une = un euro, semaine 28 = vingt-huit euros, un si de suite jusqu'à 52. En un an vous aurez mis 1378€ de côté).
Une astuce est de considérer votre épargne comme une facture due en début de mois et sans retour possible.
Je vous invite à remplir ce contrat pour vous-même afin d'avoir une vision bien claire et nette de ce que vous voulez et pour quelles raisons.

Je m'engage à me constituer une épargne de ....€ cette année.
Pour quel projet ? Pourquoi est-ce si important pour vous ?

18 JANVIER

Aujourd'hui je vous invite à réfléchir au temps passé sur un écran durant les vingt-quatre dernières heures. Nous sommes constamment rivés sur un smartphone, une télévision, un ordinateur, une tablette ou un jeu vidéo. Si une caméra vous filmait, combien d'heures vous verriez vous devant un écran ? Pourriez-vous tenter diviser ce nombre d'heures par deux ? Quelle est la part de travail et loisirs ?

19 JANVIER

Quels sont vos talents ? Quels sont les compliments que vous recevez constamment ?

20 JANVIER

Aujourd'hui, pas de télé. (Même s'il y a une émission qui vous intéresse) Qu'avez-vous fait à la place ? Comment vous sentez-vous ?

21 JANVIER

Aujourd'hui vous allez trier vos livres (papiers ou numériques). A la façon KonMari, regroupez tous vos livres et revues papiers au même endroit. Commencez par donner tous ceux que vous n'avez pas pu finir ou commencer. Quelque part leur mission est déjà remplie. Passer ensuite au scan de la joie. Quels livres vous inspirent ? Quels sont vos livres références ?

22 JANVIER

Maintenant que vous connaissez vos envies, vos talents reconnus et les signes que vous envoie la vie. Quel est votre projet de vie ? Que voudriez-vous faire dans la vie ?

23 JANVIER

« Soyez vous-même, les autres sont déjà tous pris ».
Que voulez-vous faire que vous ne vous autorisez pas ?
Pourquoi ? Quels sont les risques ?

24 JANVIER

Quelle tâche du quotidien vous prend le plus de temps ? (Les réseaux sociaux ? Les emails ? Le ménage ?...) Est-ce vraiment votre priorité ?

25 JANVIER

Que désirez-vous dans la vie ? Pourquoi ?

26 JANVIER

Faites une petite balade pour vous connecter avec l'hiver. Où avez-vous été ? Quel temps a-t-il fait ? Votre ressenti ?

27 JANVIER

Quels ont été vos cinq derniers achats (hors alimentation et hygiène) ? En ont-ils valu la peine ?

28 JANVIER

Quel est votre style vestimentaire? Inspirez-vous sur le net ou dans les magazines. Qu'aimez-vous? Votre armoire reflète-t-elle ce style ?

29 JANVIER

Une journée classique pour vous, c'est quoi ?

30 JANVIER

Enlevez les notifications sur votre téléphone. Quelles notifications vous spamment le plus ?

31 JANVIER

« Une Rolex ne vous donnera pas plus d’heures dans une journée. » Qu’en pensez-vous?

1er FEVRIER

Expérience financière : notez toutes vos dépenses et classez-les en trois catégories : « Besoin », « Envie », « j'aimais bien ». Ce mois-ci, n'achetez aucun « j'aime bien ». Réactions à chaud ?

Et si vous faisiez de vraies crêpes, comme au bon vieux temps. Les premières crêpes étaient végétaliennes. Les œufs, le lait et le beurre coutaient bien trop cher pour pouvoir se les permettre.
Pour 8 crêpes ; vous aurez besoin de 250 g de farine, 80 g de fécule de maïs, 500ml de lait végétal de votre choix, 250 ml d'eau, une cuillère à soupe d'huile de tournesol et une pincée de sel.
Déroulement : Diluer la fécule dans l'eau. Mélanger au fouet dans un saladier la farine, l'huile, la fécule diluée. Ajouter ensuite le lait végétal peu à peu. Passez au fouet jusqu'à ce que la pâte soit lisse. Huiler légèrement votre poêle et faites vos crêpes sur une poêle bien chaude. Une minute par face et le tour est joué ! Alors... Que pensez-vous de vos crêpes ?

3 FEVRIER

Faites la liste des personnes que vous côtoyez. Pour chacune d'entre elle, notez votre ressenti, ce qu'elle vous apporte. Si une relation s'avère nocive, prenez vos distances. Si au contraire, une relation vous semble positive, rapprochez-vous. Vos conclusions ?

4 FEVRIER

Quelles sont vos couleurs préférées ? Quelles sont celles qui vous vont le plus?

5 FEVRIER

Faites le tri dans les magazines et vos abonnements papiers. Qu'est-ce qui vous intéresse vraiment ? Pouvez-vous les trouver gratuitement sur internet ou en bibliothèque ?

6 FEVRIER

Désencombrer sans réfléchir se révèle inutile, très vite vous serez à nouveau submerger par tous un tas d'objet. Pourquoi souhaitez-vous faire un peu de vide autour de vous ? Quelles sont vos sensations, votre ressenti ? Vous sentez-vous étouffer ? Vos objets vous possèdent-ils ?

7 FEVRIER

Aujourd'hui je vous mets au défi de ne pas emmener votre téléphone portable dans votre chambre à coucher. Vous êtes-vous endormi plus vite ? Avez-vous mieux dormi ? Le réveil «était-il plus calme ou au contraire, vous sentiez-vous angoissé de ne pas avoir votre téléphone ?

8 FEVRIER

Nous sommes dans une époque où la culture est accessible partout et à tout moment. Avez-vous absolument besoin de posséder les versions matérielles de vos films, livres, musiques, etc. ?

9 FEVRIER

Aujourd'hui, videz vos placards de votre cuisine, débarrassez-vous de tout ce qui est cassé (non réparable), abimé, inutilisé ou en double. Comment vous sentez-vous ?

10 FEVRIER

Mangez en pleine conscience. Notez la saveur, la texture des aliments. Prenez le temps. Qu’avez-vous mangé ? Décrivez vos sensations.

11 FEVRIER

Nous avançons lorsque nous sortons de notre zone de confort. Aujourd'hui, faites quelque chose d'inhabituel. Qu'avez-vous fait? Quelles ont été vos impressions ?

12 FEVRIER

Tout le monde peut vous apprendre quelque chose. Prenez le temps de parler avec quelqu'un que vous rencontrez. Qu'avez-vous appris ?

13 FEVRIER

Quelle est votre morphologie ? Quels vêtements vous mettent en valeur ?

14 FEVRIER

L'amour ne s'achète pas et ne devrait pas se prouver à coup de cadeaux onéreux. Essayez plutôt les actions, les intentions, les pensées. Qu'en pensez-vous ?

15 FEVRIER

Ne soyez pas occupé(e), soyez concentré(e). Combien de tâches inutiles chargent votre journée ? Pourquoi ne pas concentrer votre énergie sur ce qui importe vraiment ?

16 FEVRIER

Prenez le temps de vous intéresser et de discuter avec un collègue de travail. Qui était-ce ? Qu'avez-vous appris ?

17 FEVRIER

Connaissez-vous le principe d'une armoire minimaliste («appelé en anglais « Capsule Wardrobe »), il s'agit de garder 33 pièces de vêtements, chaussures et accessoires pour les 3 mois de la saison. Enlevez tout le reste de votre armoire et stockez-le ailleurs. En réalité, le chiffre 33 est assez aléatoire, vous pouvez monter jusqu'à 40 voire 50. Le tout est de vraiment réfléchir aux tenues qu'on veut porter et qui nous vont bien. Je vous invite à faire vos recherches sur internet si cela vous intéresse. Quelles sont vos premières réactions à l'exposé de ce concept ? Serait-ce possible de tenter l'aventure ?

18 FEVRIER

Tri de votre boite mail. Essayez de vider totalement votre boîte de réception. Supprimez et désabonnez-vous des newsletters, épinglez les courriels douteux en Spam; créez des dossiers pour les mails que vous souhaitez conserver. Gardez uniquement les mails que vous devez réellement traiter en boîte de réception. Si vous en avez le temps, traitez-les. Combien d'emails aviez-vous en attente?

19 FEVRIER

Faites un rapide tour de vos objets électroniques. Est-ce que vous vous en servez? Sont-ils en état de marche ? Ne pouvez-vous pas en vendre /les louer ?

20 FEVRIER

Quelles sont les règles de recyclage de votre ville ?

21 FEVRIER

Prenez le temps de vous étirer. Avez-vous des tensions, des douleurs particulières ?

22 FEVRIER

Quelles sont vos peurs ?

23 FEVRIER

Avez-vous des doublons dans votre armoire ? Si oui, pouvez-vous vous en débarrasser ?

24 FEVRIER

Regardez le film « Home ». Vous pouvez le trouver gratuitement en ligne. Vos réactions ?

23 FEVRIER

Soyez l'exemple qui inspire les autres. Ne tentez pas de changer vos proches, montrez leur la route. Les autres suivront en voyant les bénéfices. Que pouvez-vous faire ? Qui voulez-vous inspirer ?

26 FEVRIER

Aujourd'hui, ne vous plaignez pas. Comment vous sentez-vous?

27 FEVRIER

Vos peurs sont-elles rationnelles ?

28 FEVRIER

Journée mondiale sans Facebook. Ne vous connectez à aucun réseau social. Comment était-ce ?

29 FEVRIER

Si ce jour existe, décrivez un petit détail qui vous a plu aujourd'hui. Si non, offrez-vous une gourmandise en pensant à toutes ces personnes nées un 29 février.

1er MARS

Expérience financière des trois catégories : « Besoin », « Envie », « j'aimais bien ». Ce mois-ci, vous n'achetez aucune chose que rentrant dans la catégorie « envie ». Réactions ?

2 MARS

Aujourd'hui vous ne faites rien ! Relax. (Reportez ce jour à un jour de repos si besoin) Alors comment vous sentez-vous ?

3 MARS

Qu’est-ce qui pourrait vous arriver de pire dans la vie ? Auriez-vous une porte de sortie ?

4 MARS

De combien de jeux de draps avez-vous besoin par lit ? Un, deux, plus ? Qu'en pensez-vous ? Une fois votre réponse claire, allez trier vos draps.

5 MARS

Prenez un moment pour réfléchir à une routine du matin. Que faites-vous tous les jours ? Que voudriez-vous faire pour être au top chaque matin ?

6 MARS

Aujourd'hui, faites le tri dans votre décoration. Gardez uniquement ce qui vous plaît, mérite d'être dépoussiéré chaque semaine, vous ressemble vraiment et vous inspire. Le résultat vous plait-il ?

7 MARS

Remplacez vos bouteilles en plastique par des thermos en inox pour vos déplacements. Qu’en pensez-vous ?

8 MARS

Pour les femmes : faites le tri de votre maquillage

Pour les hommes : Une femme est-elle plus attirante maquillée ?

9 MARS

Pourquoi ne pas passer à une brosse à dents en bambou ou écologique ?

10 MARS

Aujourd'hui, je vous mets au défi de nettoyer les applications de votre téléphone / tablette. Qu'utilisez-vous vraiment ?

11 MARS

Faites-vous quelque chose de nocif pour votre santé ? Pouvez-vous arrêter ?

12 MARS

Si quelque chose vous fait envie, inscrivez-le dans une liste de souhait. Que voudriez-vous vous acheter en ce moment ?

13 MARS

Si vous gagniez le gros lot, votre vie changerait-elle vraiment ? En quoi ? Ne pourriez-vous pas déjà amorcer certains changements dès maintenant ?

14 MARS

Vous avez un achat matériel à faire, pourquoi ne pas le faire sur le marché de l'occasion ? Après quelques recherches, voici vos bonnes adresses (marché, friperies, sites internet):

15 MARS

Certaines conversations sont vides de sens, perte de temps et d'énergie. En avez-vous eu vécu récemment ? Auriez-vous pu l'écourter ou l'éviter ?

16 MARS

Aujourd’hui, créez-vous une routine du soir. Que voudriez-vous faire ou que faites-vous déjà tous les soirs pour vous détendre et vous ressourcer ?

17 MARS

Nous avons tous un endroit « fourre-tout », un tiroir, un pot à crayon, un casier, un bol… Je vous mets au défi de le trier et de le ranger dès maintenant. Jetez sans ménagement les pièces cassées, les petits bouts retrouvés il y a des semaines dont vous ignorez toujours leur provenance. Vous y avez surement des piles à recycler, des boutons en trop, des clés en tout genre, des élastiques, … Il est temps de ne gardez uniquement ce qui vous sert vraiment. Qu’avez-vous trouvé de louche ?

18 MARS

Consommer n’est pas un problème en soi. Consommer de manière compulsive, oui. Qu’avez-vous acheté sans réfléchir récemment ? Etait-ce un achat judicieux ?

19 MARS

La santé des dents est primordiale pour votre santé cardiaque. Prenez dès maintenant rendez-vous pour un check-up et un détartrage. Notez la date de votre rendez-vous, le nom du dentiste et l'adresse du cabinet.

20 MARS

Mangez sans télévision aujourd'hui. Prenez le temps de discuter. Comment vous sentez-vous ?

21 MARS

Organisez vos documents électroniques dans des dossiers et renommez-les pour rapidement les retrouver. Quel système avez-vous créé ?

22 MARS

Le minimalisme ne signifie pas se priver de quelque chose sinon de s’entourer uniquement de ce qui nous apporte de la valeur. Pas vrai ?

23 MARS

Remplacez votre gel douche et votre shampoing par leur version solide sans emballage plastique et moins toxique. Quelle marque vous tente ? Quels parfums ?

24 MARS

Réduire ses déchets ménagers et viser le zéro déchet ne signifie pas recycler d'avantage. Des bouteilles en plastique, bien que recyclées, finiront toujours dans l'océan. Vous serait-ce possible de réduire vos déchets sans décupler le volume de recyclage ?

25 MARS

Triez vos affaires liées à vos passions (sport, collections, etc.). Pratiquez-vous encore tous vos sports ? Votre collection vous apporte-elle encore de la joie ? Vous rappelez-vous pourquoi vous l'avez commencée ?

26 MARS

Qu'est-ce qui vous apaise ?

27 MARS

Pas de mails ni de réseaux sociaux avant midi. Comment était-ce ? Avez-vous réussi ?

28 MARS

Faire des économies d'énergie et moins tomber malade, cela vous intéresse ? Habillez-vous en fonction de la saison, cela fera déjà la différence. Avez-vous une anecdote à raconter à ce sujet ?

29 MARS

Aujourd'hui, ne consommez pas de sucres raffinés (attention aux sucres cachés). Etait-ce facile ? Comment vous sentez-vous ?

30 MARS

Aviez-vous remarqué que les cotons tiges ont une tige en plastique ? Pourtant il existe plein d'alternative plus écolo. Il en existe avec une tige en carton, en bambou ou alors nous pouvons utiliser une feuille de papier toilette, un oriculi ou votre auriculaire. Je vous mets au défi de vous décider maintenant de ce que vous feriez une fois votre stock de coton tige en plastique écoulé. Quel est votre choix ?

31 MARS

Aujourd'hui, créez quelque chose (un dessin, de la couture, une sculpture, un plat cuisiné, un poème, une mélodie, etc.) Qu'avez-vous fait ? Êtes-vous satisfait(e) du résultat ?

1er AVRIL

Expérience financière des trois catégories : « Besoin », « Envie », « j'aimais bien ». Ce mois-ci, Réduisez de moitié vos achats « Besoin ». Réactions ? Plan d'action? (Non, ce n'est pas un poisson d'avril !)

2 AVRIL

Aujourd'hui faites un gros tri des produits de la salle de bain. Avez-vous beaucoup de réserves ? Quelles cosmétiques utilisez-vous vraiment ?

3 AVRIL

Remplacez les mouchoirs en papier par des mouchoirs en tissu? Oui, non ? Pourquoi ?

4 AVRIL

Alors ce livre de développement personnel, qu'avez-vous lu ? Qu'avez-vous appris ?

5 AVRIL

Simple n'est pas forcément facile. Cite une situation simple qui s'est révélée difficile.

6 AVRIL

Accueillez une plante chez vous afin de purifier l'air. Qu'avez-vous choisi ? Où allez-vous la mettre ?

7 AVRIL

Faites un gros nettoyage de votre frigo. Avez-vous certains regrets d'achats ?

8 AVRIL

Citez trois choses dont vous êtes reconnaissant.

9 AVRIL

Faites le tri dans vos bijoux. Quelle est votre pièce préférée ? Pourquoi ?

10 AVRIL

Avez-vous des crédits ou des dettes ? Si oui, combien ? Pour quoi ? Pour combien de temps ? Pouvez-vous les solder plus rapidement ?

11 AVRIL

Débarrassez-vous de votre carte de crédit ! Que devez-vous mettre en place ? Pour quelles dépenses l'utilisez-vous ? Ne pouvez-vous pas plutôt mettre de côté et attendre un peu ?

12 AVRIL

Faites le grand nettoyage dans vos réseaux sociaux (amis, suivis, abonnements, etc.) Conclusions ? Est-ce que votre réseau reflète vos envies, vos goûts et vos objectifs de vie ?

13 AVRIL

Alors avez-vous toujours envie des objets de votre liste de souhait faite il y a un mois ?

14 AVRIL

Est-ce possible de composter chez vous? (dans votre logement, dans votre ville, dans votre bâtiment ?) Que devez-vous mettre en place pour le faire ?

15 AVRIL

Pourquoi ne pas profiter de la saison pour commencer un potager maison ? Quels légumes ou herbes aromatiques aimeriez-vous faire pousser ?

16 AVRIL

Prenez rendez-vous pour faire un check up de votre état de santé complet. Date de votre rendez-vous ? Lieu?

17 AVRIL

Désinscrivez-vous des newsletters et autre courriel inintéressant. Etait-ce facile ? Comment vous sentez-vous ?

18 AVRIL

Soirée cinéma à la maison. Qui invitez-vous ? Quel film avez-vous regardé ?

19 AVRIL

Préparez-vous un sac d'urgence (Bug Out Bag). Vous serez paré(e) en cas d'incendie ou de catastrophes. Vous pouvez y mettre un disque dur avec le scan de vos papiers importants, vos photos ; des espèces, une couverture de survie, un sifflet, une lampe torche. Que pensez-vous y mettre ? Vous sentez-vous rassuré(e) ?

20 AVRIL

Il est à nouveau venu le temps de bien nettoyer votre boîte mail. N'oubliez pas votre objectif : ne gardez uniquement les mails à traiter dans la boîte de réception, rangez les mails important à conserver dans des dossiers et supprimer le reste.

21 AVRIL

Recherchez s'il y a un jardin solidaire près de chez vous. Oui, non ? Où ça ? Si non, peut-être y a-t-il une ruche, un marché local, un mouvement similaire.

22 AVRIL

Triez vos produits d'entretien. Pourquoi ne pas passer au naturel ? (Vinaigre d'alcool, bicarbonate, etc.) Avez-vous déjà une super astuce de grand-mère, là maintenant ?

23 AVRIL

Finis les balais, pelles et ramassettes en plastiques... Des ustensiles de nettoyage durables et zéro déchet cela existe ! Et en plus, ils sont bien plus agréables à utiliser. Avez-vous un ustensile abimé que vous pourriez choisir de remplacer dans sa version en bois ou en métal ?

24 AVRIL

Repérez un marché proche de chez vous. Allez y faire un tour dans la semaine.

Voici le marché qui vous intéresse :

25 AVRIL

Avez-vous des doublons dans votre cuisine ? Si oui, pouvez-vous vous en débarrasser ?

26 AVRIL

Prêtez attention aux personnes que vous côtoyez. Ecoutez-les. Que ressentez-vous ?

27 AVRIL

Quelles sont vos qualités ?

28 AVRIL

Que faire des objets « au cas où » ? Débarrassez-vous en sur le champ. Vous pourrez toujours les demander en prêt, les louer ou au pire, les remplacer en moins de vingt minutes pour moins de vingt euros. Non ? Notez-vous des résistances ?

29 AVRIL

Quels sont vos défauts ?

30 AVRIL

Expérience financière des trois catégories. Comment l'avez-vous vécue ? Avez-vous pu épargner ? Quelles sont vos conclusions ?

1er MAI

Aujourd’hui, vivez sans montre. Levez-vous naturellement, mangez quand vous avez faim, faites ce que vous avez envie quand vous en avez envie. Comment était-ce ?

2 MAI

Remplacez les sopalins par des serviettes en tissu et autres torchons. Oui, non ? Pourquoi ?

3 MAI

Ce mois-ci offrez-vous l'expérience d'un repas dans le noir (maison ou non). Premières impressions ?

4 MAI

Cuisinez avec votre partenaire / avec un proche. Qu'avez-vous préparé ? Etait-ce un bon moment ?

5 MAI

Offrez-vous un bouquet de fleurs ! Quelles fleurs ? Quelles couleurs ? Comment vous sentez-vous ?

6 MAI

Aujourd'hui déplacez-vous autrement. Laissez la voiture et essayez quelque chose d'autre (vélo, transports en commun, marche, etc.) Qu'avez-vous choisi ? Comment cela s'est passé ?

7 MAI

Quelles sont/seraient vos attentes envers la personne qui partage votre vie ? Est-elle au courant ?

8 MAI

Allez vous balader pour vous connecter avec le printemps. Où avez-vous été ? Quel temps a-t-il fait ? Votre ressenti ?

9 MAI

Aujourd'hui prenez le temps de vraiment demander «comment ça va ? » aux personnes que vous croisez. Qu'avez-vous aperçu ? Etait-ce différent ?

10 MAI

Quel est votre projet de famille ?

11 MAI

Prenez dix minutes pour rapidement jeter un œil à vos possessions dans la pièce où vous vous trouvez. Avez-vous quelque chose en trop ? D'inutile ? De casser ?

12 MAI

Méditez dix minutes pour faire le vide. Concentrez-vous uniquement sur votre souffle. Etait-ce simple ? Qu'avez-vous ressenti ?

13 MAI

Faites pousser vos herbes aromatiques Quelles aromates utilisez-vous dans vos recettes ?

14 MAI

Nettoyage de printemps ! Nettoyez votre salon à fond. Alors comment vous sentez-vous ?

15 MAI

Faites le tri dans votre collection de DVD. Que regarderiez-vous encore ? Pouvez-vous le trouver en version numérique ? Pouvez-vous y avoir accès facilement (médiathèque, amis, etc.)?

16 MAI

La nourriture est avant tout un combustible pour notre corps. Mangez-vous quelque chose qui pourrait enrayer la machine ?

17 MAI

Lorsque nous parlons, soyons conscient de l'importance des mots, de leur impact. Chaque mot devrait compter et avoir une raison d'être. Qu'en pensez-vous?

18 MAI

Organisez une soirée jeu ! Avec qui ? A quoi avez-vous joué ? Un souvenir de cette soirée ?

19 MAI

Nettoyage de printemps ! Nettoyez votre chambre à fond. Alors comment vous sentez-vous ?

20 MAI

Prenez le temps de faire connaissance avec vos voisins. Invitez-les à un apéro. Qui sont-ils ?

21 MAI

Porter une seule tenue, un peu comme un uniforme à l'instar de Marc Zuckerberg. Pourriez-vous tenter l'expérience ? Quels seraient les avantages et inconvénients ?

22 MAI

Nettoyage de printemps ! Nettoyez votre cuisine à fond. Alors comment vous sentez-vous ?

23 MAI

Pas besoin de compter vos possessions, assurez-vous simplement que chaque possession compte. Quelles sont les trois choses que vous possédez et qui importent à vos yeux ?

24 MAI

De combien de serviettes de bain avez-vous besoin par personne ? Une, Deux ? Plus ? Une fois répondu à cette question, filez trier vos serviettes !

25 MAI

Soyez présent. Lorsque vous faites une chose, faites-la en pleine conscience. Qu'avez-vous découvert ?

26 MAI

Avez-vous des doublons dans votre salle de bain (peignes, pinces à épiler, rasoirs, etc.) Pouvez-vous vous en débarrasser ?

27 MAI

Nettoyage de printemps ! Nettoyez votre salle de bain à fond. Alors comment vous sentez-vous ?

28 MAI

Faites qu'une seule chose à la fois durant toute cette journée. Avez-vous été plus productif ? Plus concentré(e) ?

29 MAI

Récupérez les épluchures de légumes (préalablement bien lavés) pour en faire des chips maison. Alors, c'était bon ?

30 MAI

En mai, faites ce qu'il vous plait ! Qu'en pensez-vous ? Que voudriez-vous faire ?

31 MAI

Nettoyage de printemps ! Nettoyez votre débarras à fond. Alors comment vous sentez-vous ?

1er JUIN

Constituez-vous d'un kit pour faire vos courses zéro déchet, en vrac. Vous aurez besoin, d'un ou deux grands sacs cabas, de quelques bocaux (réutilisez vos bocaux de compotes, confitures, etc.), de boîtes de pour amener chez le boucher ou à la crémerie. De sacs à vrac en tissus pour vos fruits et légumes, légumineuses, oléagineux, graines, etc. Réfléchissez dès maintenant à vos consommations hebdomadaires de pâtes, riz, farines, légumes, fruits afin de composer votre kit parfait.

2 JUIN

Alors ce repas dans le noir ? C'était comment ?Avec qui ? Avez-vous redécouvert des aliments ?

3 JUIN

Réutilisez un vieux drap ou des vieux t-shirts pour confectionner des sacs à vrac. Pas besoin d'être un as en couture, il existe des méthodes avec des nœuds Mieux, certains magasins acceptent de peser vos fruits et légumes sans sac ! Faites vos recherches et notez ici vos bonnes adresses ou vos tutos pour sacs à vrac.

4 JUIN

Ce soir, invitez une personne qui compte pour vous et passez une bonne soirée ensemble. Qui avez-vous invité? Comment était-ce ?

5 JUIN

Ne prenez plus de sacs plastiques pour les fruits et légumes. N'oubliez pas vos sacs à vrac. Qu'en pensez-vous ?

6 JUIN

Avant de dormir, videz-vous l'esprit et respirez profondément. Ecrivez ici ce qui vous trotte dans la tête.

7 JUIN

C'est bon de rire et d'avoir un peu d'autodérision. Plantez-vous devant un miroir et faites vos plus belles grimaces. Alors, bien ri ? Comment était-ce ?

8 JUIN

Prenez dix minutes pour vous étirer tout en respirant profondément. Comment vous sentez-vous ? Mieux ? Physiquement et mentalement ?

9 JUIN

Pouvez-vous manger votre crème hydratante ? Non ? Pourtant tout ce qui est appliqué sur la peau fini dans notre organisme... Alors remplacez-la par une huile végétale. Quelle huile choisissez-vous ? (Coco, olive, tournesol, colza, amande, etc.)

10 JUIN

Êtes-vous en bonne condition physique ? Que pouvez-vous faire pour l'améliorer ?

11 JUIN

Trouvez-vous un magasin où vous pouvez acheter en vrac (pâtes, riz, sucre, farine, etc.) Notez ici vos petites adresses à tester.

12 JUIN

Ne jetez plus les restes des repas. Conservez-les pour un « jour de restes » ou comme repas de secours. Qu'en pensez-vous ?

13 JUIN

Réutilisez le verso du courrier que vous recevez encore. Vérifiez si vous ne pouvez pas le supprimer totalement.

14 JUIN

Prenez le temps de petit-déjeuner. Ce matin, que mangez-vous ?

15 JUIN

Faites le tri dans vos réserves et arrêtez d'en faire ! Il y aura toujours du papier toilettes au magasin. Gagnez quelques mètres carré de votre intérieur et utilisez les magasins comme étant votre réserve personnelle. Qu'avez-vous tendance à accumuler ? Pourquoi ?

16 JUIN

Le minimalisme ne veut pas dire moins, moins, moins sinon plus, plus, plus. Plus de temps pour soi, plus d'argent pour ce qui compte, plus de sens. N'est-ce pas?

17 JUIN

Remplacez les cure-dents jetables par des modèles en acier inoxydables. Vous serez paré pour les apéros à venir.

18 JUIN

Espacez vos shampoings afin de tomber à un lavage tous les 3-4 jours. Promis vos cheveux vous remercieront. Quel type de cheveux avez-vous ? Quels soins avez-vous besoin ?

19 JUIN

Au fur et à mesure que vos ampoules grillent, pensez à les changer pour des ampoules écologiques / LED. Quelle est votre consommation d'électricité ? Pensez-vous pouvoir réduire la facture ?

20 JUIN

Pour rester raisonnable en cas de soldes en tout genre, constituez-vous une liste des choses qui vous font vraiment envie. Voici votre liste.

21 JUIN

Faites le tri dans votre musique (CD, fichiers sur l'ordinateur, sur le téléphone, vos listes en ligne, etc.), gardez que les musiques qui vous inspirent encore. Quelle est votre chanson du moment ?

22 JUIN

Nettoyage du garage. Si vous n’en avez pas, nettoyage de votre caisse à outils.

23 JUIN

Profitez de tous ces récents nettoyages et de la place ainsi faite pour vous créer un vrai espace pour bien recycler. Un sac cabas pour le recyclable, un pour le verre, un pour le carton, un pot pour les piles et ampoules usagées et pourquoi pas une caisse pour la déchetterie.

24 JUIN

Aujourd'hui, je vous mets au défi de passer votre journée dans le silence. Comment était-ce ?

25 JUIN

Pourquoi ne pas replanter vos déchets de cuisine ? (Trognon de salade, noyau d'avocat, pépins de pommes, etc.). Faites des recherches sur internet et écrivez ici vos incroyables découvertes !

26 JUIN

Quelle est votre plus grosse addiction ? (Cigarette, sucre, jeu vidéo, etc.) Vous est-elle nocive ?

27 JUIN

Faites don de ce que vous n'utilisez pas et en bon état. Là comme ça, à quels objets pensez-vous ? Allez les rassembler dans un carton et poser le dans votre entrée pour y penser.

28 JUIN

Le jour de votre départ en vacances, après avoir coupé l'eau, prenez note du chiffre sur votre compteur d'eau ici. Lors de votre retour, avant de remettre l'eau, vérifiez que le nombre n'ait pas bougé. Si ce n'est pas le cas, vous avez une fuite quelque part...Appelez un plombier.

29 JUIN

Remplacez les serviettes jetables par des serviettes en tissus.

30 JUIN

Cet été, faites une chose incroyable à vos yeux. Notez ici ce qui vous tente (une activité, un séjour, un projet, etc.).

1er JUILLET

Quand vous partez en vacances, voyagez-vous léger ? Qu'utilisez-vous vraiment ?

2 JUILLET

Faites le touriste dans votre propre ville. Qu'avez-vous découvert ? Un endroit sympa ?

3 JUILLET

Refusez tout sac lors de vos achats du jour. Quelles ont été les réactions des commerçants ?

4 JUILLET

Aujourd'hui, apprenez les manières optimales pour conserver les aliments le plus longtemps possible. Saviez-vous qu'il est possible de se passer de frigo ? Qu'avez-vous appris ? (légumes, fruits, œufs, viande, boisson, etc.)

5 JUILLET

Vous n’avez pas besoin de constamment vous justifier. Les personnes qui vous connaissent vous comprennent et celles qui ne vous comprennent pas, ne comprendront pas plus vos justifications. N’est-ce pas ?

6 JUILLET

Quels étaient vos rêves d'enfant ? Vous font-ils encore envie ? Pourquoi ?

7 JUILLET

Aujourd'hui, tournez la langue sept fois dans votre bouche avant de parler. Avez-vous changé d'avis ? Avez-vous répondu de manière plus sensée ? Conclusions ?

8 JUILLET

Prenez cinq minutes pour scanner votre humeur du moment. Comment vous sentez-vous ?

9 JUILLET

Lors de votre prochaine boisson, notez sa saveur, sa texture, sa température.

10 JUILLET

Aujourd'hui, buvez uniquement de l'eau ! Comment vous sentez-vous ?

11 JUILLET

Avez-vous vraiment besoin de ce nouvel achat qui vous fait envie ?

12 JUILLET

Stop aux LUFA synthétiques (ou autres éponges en plastiques). Optez pour leur alternatives (éponges naturelles, gants de toilettes, vos mains, etc.) De prime à bord, quel serait votre préféré ?

13 JUILLET

Vos robinets sont-ils tous équipés d’économiseur d’eau ?

14 JUILLET

Lorsqu'on rencontre quelqu'un, on pose souvent la question « Que fais-tu dans la vie ? » en attendant un métier. Depuis quand notre métier nous définit-il ? La prochaine fois qu'on vous pose cette question, répondez par vos hobbies, vos passions, vos rêves. Entrainez-vous et écrivez ici ce que vous pourriez répondre.

15 JUILLET

Avez-vous déjà entendu parler du « no poo » ? Il s'agit de la tendance à ne plus utiliser de shampoing pour se laver les cheveux. Soit vous utilisez un savon style savon de Marseille pour tout votre corps, soit vous les lavez à l'eau, les rincez au vinaigre, etc. Seriez-vous tenté(e) ? Attention cela ne veut pas dire que vous ne vous en occuperez pas, vous pourrez toujours vous faire vos masques nourrissants maison.

16 JUILLET

Aujourd'hui, ramassez les déchets que vous rencontrez sur votre route et triez-les (recyclage ou vrai détritus à mettre dans la poubelle). Comment était-ce ? Avez-vous eu des réticences ?

17 JUILLET

Notre santé se joue au quotidien, ce n'est pas une destination à atteindre. Que faites-vous au jour le jour pour être en bonne santé ?

18 JUILLET

Ecrivez un mot à votre futur vous. Quel conseil / pensée/ expérience ne voulez-vous pas oublier ?

19 JUILLET

Arrêtez les bouteilles d'eau en plastique et réfléchissez à une alternative (filtre, eau du robinet, thermos, etc.) Voici les options que vous voulez tester.

20 JUILLET

Quelles sont vos activités au cours de l'année (cours de sport ? d'art ? scout ? etc.) ? En faites-vous de trop ? Qu'est-ce qui vous fait vraiment envie pour la rentrée ?

21 JUILLET

Organisez un apéro zéro déchet. Voici vos idées de finger food. N'oubliez pas les serviettes en tissu !

22 JUILLET

Arrêtez d'acheter des bijoux de fantaisies qui finiront par s'oxyder ou de briser. Optez pour une ou deux pièces de qualité. Êtes-vous plutôt or, argent, perle, pierres précieuses, strass, lignes minimales ?

23 JUILLET

Fini les rasoirs jetables ! Explorez d'autres alternatives zéro déchet : rasoir de sécurité double lame en acier inoxydable, cire au sucre, épilateur. Qu'est-ce qui vous tente le plus ? Pourquoi ?

24 JUILLET

Votre région a surement plein de bons aliments qui n'attendent que vous. Pourquoi ne pas consommer local? Avez-vous repérez un marché de producteurs locaux ?

25 JUILLET

Aujourd'hui, faites votre déodorant maison. Voici une idée de recette : faites fondre 20gr d'huile de coco, ajoutez 30g de bicarbonate de soude, 20gr de fécule. Si vous désirez y ajouter une odeur, ajoutez 5 gouttes d'huile essentielle de votre choix. Mélangez le tout et mettez-le dans un petit bocal en verre. Laissez le prendre une demi-heure au frigo et voilà ! Votre déodorant est bon pendant 5 mois, appliquez-en un tout petit peu tous les matins sous vos aisselles. Qu'en pensez-vous ?

26 JUILLET

En été, une bonne boisson rafraîchissante cela ne se refuse pas, par contre la paille qui va avec oui. Pensez à toujours précisez que vous ne désirez pas de pailles en plastiques jetables. Oserez-vous ? Pourquoi ?

27 JUILLET

N'oubliez pas d'utiliser des crèmes solaires respectueuses de l'environnement (vous les trouverez en magasin bio).. Pensez à la faune et flore marine.

28 JUILLET

Aujourd'hui, simulez une panne d'électricité. Qu'avez-vous fait ? Qu'avez-vous mangé ? C'était bien ?

29 JUILLET

Besoin de vous déplacer, pourquoi ne pas optez pour du covoiturage ? Avez-vous déjà testé ?

30 JUILLET

Faites votre baume à lèvres maison ! En fait… utilisez simplement du beurre de coco, ou du beurre de karité pur. C'est aussi simple que cela ! Qu'en pensez-vous ? Vous pouvez aussi notez ici une recette un peu plus compliquée.

31 JUILLET

Utilisez votre corde à linge ou votre étendoir plutôt que votre sèche-linge. Faisable ou non ? Pourquoi ?

1er AOUT

Profitez de chaque instant de la journée à fond, sans prendre aucune photo. Avez-vous vécu les choses différemment ?

2 AOUT

Pour un gommage maison, arrêtez de dépenser des fortunes pour des produits chimiques. Pourquoi ne pas opter pour une brosse pour le corps, tout simplement.

3 AOUT

N'achetez rien pour combler un vide, offrez-vous plutôt une expérience ! Qu'est-ce qui vous tente ? Quelle serait votre « Bucket list » ?

4 AOUT

Vous mangez dehors ? N’oubliez pas de refuser les serviettes en papiers et d’utiliser votre serviette en tissu (toujours sur vous ou dans votre voiture bien sûr !) Avez-vous une anecdote à propos d’un repas sur le pouce ?

5 AOUT

Baladez-vous pour vous connecter avec l'été. Où avez-vous été ? Quel temps a-t-il fait ? Votre ressenti ?

6 AOUT

Refusez tous les gadgets et goodies qu'on veut vous refourguer. Cela vous fera moins de désordre à la maison, moins de déchets (ces choses sont toujours jetables en fin de course). Que recevez-vous toujours à ne plus savoir qu'en faire ?

7 AOUT

Aujourd'hui on se déconnecte totalement d'internet. Alors qu'avez-vous fait ? Qu'avez-vous ressenti ? Avez-vous résisté ?

8 AOUT

Passez toutes vos factures en mode numérique et activez les paiements en prélèvements automatiques. Qu'en pensez-vous ? Recevez-vous encore beaucoup de factures par courrier ?

9 AOUT

Aujourd'hui, je vous mets au défi de faire vingt minutes d'activité physique. Marcher, danser, courir, faire du pilates, aller faire un match (foot, tennis, squash, badminton, etc.), pratiquer un art martial ou du yoga. Vous choisissez.

Qu'avez-vous fait ? Comment vous sentez-vous ? Pourriez-vous inclure cette activité dans votre vie ? A quelle fréquence ?

10 AOUT

Notez votre petit instant de bonheur du jour.

11 AOUT

Regardez le film d'animation « Wall-E ». Qu'en pensez-vous ? Retrouvez-vous des similitudes avec notre monde réel ?

12 AOUT

Et si vous testiez une recette « one pot », où tout se fait dans une grosse casserole. Cela vous tente ? Qu'avez-vous testez ? Comment était-ce ?

13 AOUT

Ecrivez pendant vingt minutes pour vous vider l'esprit à l'écrit. Comment vous sentez-vous à présent ?

14 AOUT

Pensez à débrancher vos appareils électroniques lorsqu'ils ne sont pas utilisés. Pourquoi ne pas investir dans des prises avec interrupteurs ? Avez-vous beaucoup d'appareils électroniques chez vous ? Sont-ils tous utilisés ?

15 AOUT

Aujourd'hui nagez dans un point d'eau (mer, lac, rivière). Si vous ne savez pas nager, inscrivez-vous à un cours. Votre ressenti ?

16 AOUT

Une sortie au restaurant de prévue ? Emmenez un petit bocal avec vous afin de pouvoir ramener les restes en mode zéro déchet. Qu'en pensez-vous ?

17 AOUT

Ecrivez un conseil que vous auriez voulu savoir à vos quinze ans.

18 AOUT

Quelle activité physique vous plait ? La pratiquez-vous aussi souvent que désirer ?

19 AOUT

Il est venu le temps de nettoyer votre boite mail à nouveau. Trouvez-vous qu'elle est moins encombrée qu'en début d'année ? Parvenez-vous à la maintenir en ordre ?

20 AOUT

Faites le tri dans vos fournitures de bureau. De quoi avez-vous besoin ?

21 AOUT

Vous êtes belle/beau au naturel ! Pourriez-vous réduire votre routine beauté ?

22 AOUT

Pour votre douche, l'eau chaude met du temps à venir ? Pensez à récupérer l'eau froide dans un seau. Listez ici ce que vous pourriez faire avec cette eau (potable).

23 AOUT

Essayez-vous à la mise en conserve de ces bonnes tomates de saison. Voici votre recette secrète...

24 AOUT

Que pensez-vous de la planification des repas (Meal Prep) ? Pourriez-vous tester la chose ?

25 AOUT

Passez un moment en bonne compagnie. Avec qui ? Qu'avez-vous fait ?

26 AOUT

Parlons de votre papier toilette ? Etes-vous plutôt triple, double, simple épaisseur ? Parfumé ? Papier recyclé ? Emballé dans du plastique ? La prochaine fois que vous en achetez, prenez cinq minutes pour tenter de réduire votre impact sur l'environnement.

Pourriez-vous vous en passez parfois ? Utilisez moins de feuilles ? Utilisez un jet d'eau ? Uriner sous la douche ? Oui, non ?

27 AOUT

Notez les repas que vous voulez manger cette semaine et faites la liste des courses en conséquence.

28 AOUT

La rentrée arrive, vous avez peut-être envie d'un nouveau look. Pourquoi ne pas organiser un vide-dressing avec vos connaissances. Chacun apporte ce qu'il/elle ne met plus et peut-être trouverez-vous un truc sympa. Quoi qu'il en soit, cela peut être un moment sympa entre amis, n'est-ce pas ? A qui pourriez-vous proposer le concept ? Quand ?

29 AOUT

Congeler oui, avec des sacs plastiques non ! Pensez aux alternatives qui s'offrent à vous. Quelles sont vos habitudes de congélations, de quoi avez-vous besoin ? Un bocal pour de la soupe ? Un contenant en verre pour des restes ? Vous congelez vos pizzas maisons ? Vos quiches ? Faites vos recherches et notez ici ce que vous pouvez faire.

30 AOUT

A la chasse à tous ces câbles qui pendouilles dans votre maison, qui créent une pollution visuelle et vous empêchent peut-être de passer le balai. Quel est votre coin « noir » ?

31 AOUT

Inscrivez-vous à la médiathèque afin d'avoir accès aux livres, cd, dvd qui vous font envie. Repérez la médiathèque la plus proche et préparez votre dossier d'inscription. De quoi avez-vous besoin ? A quelle fréquence pensez-vous y aller ?

1er SEPTEMBRE

Quelle habitude voudriez-vous introduire dans votre vie? Pourquoi ne pas commencer dès aujourd'hui ?

2 SEPTEMBRE

Minimalisme et collocation, est-ce compatible ? Ne vous entêtez pas à convertir les autres, soyez l'exemple. Pourquoi ne pas déterminer des zones personnelles afin de vous sentir moins envahi(e) ?

3 SEPTEMBRE

Arrêtez de prendre des touillettes pour votre café ! Une bonne vraie cuillère est bien plus stylée, n'est-ce pas ?

4 SEPTEMBRE

Faite vous un tableau de visualisation, reflétant vos envies, vos objectifs, votre état d'esprit. Que voulez-vous y trouver ?

5 SEPTEMBRE

Passez un moment agréable avec une personne que vous aimez. Avec qui ? Qu'avez-vous fait ?

6 SEPTEMBRE

Allez manger seul(e) au restaurant. Comment était-ce ? Qu'avez-vous ressenti ? Vous a-t-on observé ?

7 SEPTEMBRE

Restez muet(e) pendant vingt-quatre heures. Qu'avez-vous appris ? Etait-ce plus simple que prévu ?

8 SEPTEMBRE

Faites le tri dans vos casseroles. En avez-vous besoin d'autant ? Combien de feux avez-vous ? Pour combien de personnes cuisinez-vous la plupart du temps ?

9 SEPTEMBRE

Pensez à utiliser une tasse ou à apporter un mug la prochaine fois que vous voulez acheter du café ou du thé. Peut-être aurez-vous une réduction ! Qu'en pensez-vous ?

10 SEPTEMBRE

Quels sont les essentiels pour s'occuper d'un bébé ou d'un enfant selon vous ? De quoi avez-vous vraiment besoin ?

11 SEPTEMBRE

Appréciez-vous la solitude ? Cela vous effraie-t-il ?

12 SEPTEMBRE

Apportez votre contenant lorsque vous faites vos courses chez le boucher, boulanger, traiteur, etc. Comment vous êtes-vous senti ? Qu’a dit le commerçant ?

13 SEPTEMBRE

Faites le tri dans vos assiettes, verres, couverts. Combien de personnes êtes-vous à la maison ? Recevez-vous souvent des invités ? Combien de personnes en général ? Avez-vous des assiettes du dimanche ? Des assiettes pour les grandes occasions ? Pourquoi ne pas traiter chaque jour de l'année comme une belle occasion ? Gardez uniquement ces belles assiettes que vous aimez tant.

14 SEPTEMBRE

Faites le tri dans vos chaussures. Résultats ? Conclusions?

15 SEPTEMBRE

Investissez dans des piles rechargeables ! Combien de piles utilisez-vous dans votre vie ? De quel type ? La prochaine fois que vous aurez besoin d'acheter des piles, pensez-y.

16 SEPTEMBRE

Remplissez vraiment votre lave-vaisselle ! Vous n'en avez pas ? Alors optimisez l'eau lorsque vous faites votre vaisselle, ne la laissez pas couler et utilisez un petit bac de rinçage.

17 SEPTEMBRE

Remplacez les cotons démaquillant par une alternative ; des lavables, des gants de toilettes, des débarbouillettes voire... rien du tout. Utilisez vos mains avec un peu d'huile végétale puis rincez votre visage à l'eau tiède. Quelle option vous tente le plus ?

18 SEPTEMBRE

Pourquoi ne pas tester un cours de cueillette ? (plantes sauvages, champignons, etc.) Cela vous tenterait ? Si oui, cherchez dès maintenant les informations.

19 SEPTEMBRE

Ayez toujours les ingrédients pour un plat d'urgence dans votre garde-manger. Cela vous évitera les déchets générés par une livraison. Quel plat d'urgence pouvez-vous faire ? De quels ingrédients avez-vous besoin ?

20 SEPTEMBRE

Pourquoi ne pas utiliser une cafetière à piston à votre travail ? Et à la maison, pouvez-vous utiliser une cafetière ne générant aucun déchet mais qui vous sert un café de qualité? Une cafetière italienne en métal, des capsules rechargeables avec du vrai bon café (acheté dans un magasin en vrac), des filtres lavables, etc. ?

21 SEPTEMBRE

L'été est fini. Alors qu'avez-vous fait d'incroyable cet été ?

22 SEPTEMBRE

Journée sans voiture. Comment l'avez-vous vécu ?

23 SEPTEMBRE

Et si vous appreniez à faire des cookies / collations maisons ? Cela ne prend que 20 minutes par semaine. Quelle serait votre super recette ?

24 SEPTEMBRE

Lors de vos achats, pensez à toujours opter pour le choix durable : un objet multi usages, en matériaux nobles (et naturels) et beau ! L'investissement de départ en vaut la peine. Qu'est-ce qui vous vient à l'esprit?

25 SEPTEMBRE

Prenez le temps d'admirer le coucher du soleil. Où êtes-vous ? Quelles sont vos impressions ?

26 SEPTEMBRE

Apprenez les rudiments de coutures afin de raccommoder vos vêtements. Coudre un bouton, une coudière, reprendre un trou, plus rien n'a de secret pour vous. Peut-être pouvez-vous organiser un atelier couture avec des proches ? Qu'en pensez-vous ?

27 SEPTEMBRE

Achetez votre thé en vrac, apportez votre contenant et savourez la qualité et la différence. Quels sont vos thés préférés ? Qu'aimeriez-vous tester ?

28 SEPTEMBRE

Besoin de vous chouchouter ? Pourquoi ne pas tester une recette d'un masque fait maison avec des produits issus de votre cuisine ? Quel type de peau avez-vous ? Que voulez-vous traiter ? Quelle recette avez-vous dénichée?

29 SEPTEMBRE

En collation, mangez que des fruits frais aujourd'hui. Comment vous sentez-vous ? Quels sont vos fruits préférés ?

30 SEPTEMBRE

Vous sentez-vous à l'aise en groupe. Pourquoi ?

1er OCTOBRE

Ne mangez ni viande, ni poisson aujourd'hui. Qu'avez-vous mangé ? Comment était-ce ? Comment vous sentez-vous ?

2 OCTOBRE

Renseignez-vous sur la prochaine brocante ou le prochain marché au puce près de chez vous. Voudriez-vous y vendre des choses ? Ou ... y jetez un coup d'œil ?

3 OCTOBRE

Passez le test de personnalité Myer-Briggs. (Gratuit sur le net) Quels sont vos résultats ?

4 OCTOBRE

De combien de jouets les enfants ont réellement besoin pour être heureux et bien grandir ? Saviez-vous qu'un nombre limité de jouets peut développer davantage la créativité des enfants ? Ils sont également plus enclins au partage. Qu'en pensez-vous ?

5 OCTOBRE

Allez vous balader pour vous connecter avec l'automne. Où avez-vous été ? Quel temps a-t-il fait ? Votre ressenti ?

6 OCTOBRE

Pourquoi ne pas louer vos biens inutilisés ? Faites la liste des choses dont vous ne voulez pas vous séparer et qui ne vous sert que très rarement. Ensuite recherchez où vous pourriez les louer.

7 OCTOBRE

Aujourd'hui changez quelque chose dans votre routine. Qu'avez-vous fait différemment ? Comment vous sentez-vous ?

8 OCTOBRE

Triez vos photos numériques. Gardez que celles qui vous inspirent de la joie. Décrivez une photo qui vous vient à l'esprit. Quel souvenir vous ravive-t-elle ?

9 OCTOBRE

Une seule télévision dans la maison. En tout cas, surtout pas dans les chambres. Possible ou non ? Pourquoi ?

10 OCTOBRE

Rendez visite à vos grands-parents ou à une personne isolée qui compte pour vous. Qui avez-vous été voir ? Comment était-ce ?

11 OCTOBRE

Faites un bon repas maison en essayant une nouvelle recette. Qu'avez-vous cuisiné ? Etait-ce une réussite ?

12 OCTOBRE

Recherchez la recette d'un bain de bouche maison et réalisez-la dans la semaine. Alors pourquoi avez-vous opté ? Le test est-il concluant ?

13 OCTOBRE

Apportez votre repas au travail / à l'école. Qu'avez-vous mangé ?

14 OCTOBRE

Faites votre lessive maison en mode zéro déchet et naturelle. Prenez 250 gr de savon de Marseille à couper en copeaux, ajouter 1,5l d'eau chaude, 100gr de bicarbonate de soude et voilà ! Vous pouvez également ajoutez quelques gouttes d'huile essentielle de votre choix pour la parfumer. Qu'en pensez-vous ?

15 OCTOBRE

Comment pourriez-vous contribuer, aider une personne autour de vous ?

16 OCTOBRE

Faites un rapide scan de vos émotions sans vous juger. Comment vous sentez-vous ?

17 OCTOBRE

Lorsque vous faites vos courses, prenez les bananes isolées, de même pour tous les fruits et légumes venant normalement en groupe. En général les pièces isolées ne sont jamais prises et finissent par pourrir. Qu'en pensez-vous ? Aviez-vous pensé à cette astuce ?

18 OCTOBRE

Apprenez à faire votre pâte à tarte maison ! Vous verrez c'est facile. Faites vos recherches et notez ici la recette que vous voulez tester.

19 OCTOBRE

Quand vous êtes sur internet, faites-le consciemment. Ce que vous consultez vaut-il réellement le temps que vous lui consacrer ? Le temps est la seule chose qu'on ne peut pas récupérer alors utilisez-le consciemment. Qu'en pensez-vous ?

20 OCTOBRE

Qu'adorez-vous faire en ce moment ?

21 OCTOBRE

Visitez une friperie. Où êtes-vous allé ? Pas de friperie près de chez vous ? Pourquoi ne pas chercher des sites en ligne ?

22 OCTOBRE

Faites votre adoucissant maison. Voici une recette simplissime : utilisez du vinaigre blanc.

23 OCTOBRE

Avec un bébé, pourriez-vous utilisez des couches lavables ? Quelles sont selon vous les alternatives aux couches jetables ?

24 OCTOBRE

Si vous avez des enfants : triez les jeux ensemble et établissez un système de roulement Gardez uniquement les jeux préférés.

Si vous n'avez pas d'enfant : triez vos propres jeux (de société, vidéos, applis, etc.)

Qu'utilisez-vous comme jeux ?

25 OCTOBRE

Trouvez une recette de dentifrice maison ou une adresse où acheter un dentifrice solide et naturel. Notez ici vos trouvailles.

26 OCTOBRE

Utilisez des contenants en verre pour stocker vos restes de repas.

27 OCTOBRE

Aérez votre maison pendant dix minutes. Alors, vous sentez vous revivifié ?

28 OCTOBRE

Faites un rapide tri de vos photos dans votre téléphone. Enlevez tout ce qui est flou, hors cadre, inutile. Gardez uniquement les photos qui vous mettent en joie. Alors quel est votre plus beau cliché ? Quel souvenir vous rappelle-t-il ?

29 OCTOBRE

Que pensez-vous des alternatives aux protections hygiéniques jetables ? (protection lavable, la coupe menstruelle, le flux instinctif, les sous-vêtements).

30 OCTOBRE

Journée de l'épargne. Alors êtes-vous en ligne avec votre but d'épargne fixé en début d'année ?

31 OCTOBRE

Lavez vos vêtements quand ils sont vraiment sâles. Au sinon, aérez les si besoin ! Ecrivez ici vos astuces pour prolonger la vie de vos vêtements.

1er NOVEMBRE

Mangez un repas végétalien (pas de viande, de lait, d'œufs, de miel.) Qu'avez-vous mangé ? Comment était-ce ?

2 NOVEMBRE

Isolez bien votre maison la nuit cet hiver ! Quelles sont vos astuces pour vous maintenir bien au chaud ?

3 NOVEMBRE

Aujourd'hui prenez le temps de prendre des nouvelles d'un proche, allez lui rendre visite ou appelez-le. Qui? Comment vous sentez-vous ?

4 NOVEMBRE

Faire du sport sans avoir une montagne de matériel qui va avec. Est-ce possible pour vous ? Quel est votre péché mignon ?

5 NOVEMBRE

Aujourd'hui cherchez la recette pour confectionner votre liquide vaisselle / produit lave-vaisselle. Notez la recette que vous avez dénichée ici :

6 NOVEMBRE

Connaissez-vous le principe d'un « Repair café ». Il s'agit d'un endroit où vous pouvez aller faire réparer des petits objets en échange d'un café. Faites vos recherches et voyez s'il y en a un près de chez vous. Notez ici vos trouvailles. S'il n'y en a pas, peut-être pourriez-vous organiser une réunion entre amis où vous pourriez vous entre-aider. Qu'en pensez-vous ?

7 NOVEMBRE

Louez les choses dont vous avez rarement besoin (skis, appareil à raclette, etc.). Faites la liste de choses que vous pourriez louer.

8 NOVEMBRE

Body Scan : dirigez votre attention vers votre corps. Scannez chaque membre et relâchez les tensions. Quelles sont-elles ?

9 NOVEMBRE

Utilisez de l'huile plutôt que du papier sulfurisé. Utilisez-vous souvent votre four ?

10 NOVEMBRE

Regardez le lever et le coucher du soleil. Avec qui étiez-vous ? Où ? Comment était-ce ?

11 NOVEMBRE

Faites le tri dans vos souvenirs. Débarrassez-vous de tout ce qui ne vous inspire plus de la joie. De tout ce qui vous provoque des sentiments ambigus. Etait-ce facile ? Pourquoi ?

12 NOVEMBRE

Refusez les tickets des magasins, demandez de les envoyer par emails si besoin.

13 NOVEMBRE

Evitez l'huile de palme. Faites vos recherches et écrivez ici pourquoi c'est important pour vous et quelles sont les alternatives.

14 NOVEMBRE

Triez les programmes de votre ordinateur. Faites-vous aider d'un proche si besoin. Alors votre ordinateur démarre-t-il plus vite ? Avez-vous gagné un peu d'espace disque ?

15 NOVEMBRE

Regardez pour remplacer votre peigne ou brosse par une version en bois. Votre cuir chevelu vous remerciera.

16 NOVEMBRE

BLACK FRIDAY... Si vous craquez, achetez uniquement un objet de votre liste créée précédemment. Qu'avez-vous acheté ? Etait-ce vraiment une affaire ?

17 NOVEMBRE

Utilisez des contenants hermétiques, des feuilles de protections à la cire d'abeille ou en tissu. Quelle alternative vous tente le plus ? Trouvez votre fournisseur dès maintenant ou notez ici les instructions pour les confectionner à la maison.

18 NOVEMBRE

Aujourd'hui, posez-vous tranquillement et passez votre soirée à lire. Que lisez-vous ? De quoi parle votre livre ?

19 NOVEMBRE

Citez trois choses dont vous êtes fier.

20 NOVEMBRE

Quand vous regardez la télé, faites-le consciemment. Ce programme vaut-il réellement le temps que vous lui consacrez ? Le temps est la seule chose qu'on ne peut pas récupérer alors utilisez-le consciemment.

21 NOVEMBRE

Aujourd'hui, vous vous sentez reconnaissant(e) de...

22 NOVEMBRE

Prenez le temps de remercier un proche, pour sa présence, un acte, sa façon d'être. Qui est-ce ? Pour quelle(s) raison(s) ?

23 NOVEMBRE

Pourriez-vous supprimer la télévision à la maison ? Pourquoi ?

24 NOVEMBRE

Triez vos décorations saisonnières (Halloween, Noël, pâques, etc.). Débarrassez-vous de ce qui est cassé, abimé, non réparable, passé de mode. Peut-être voudriez-vous alléger vos décorations, qu'en pensez-vous ?

25 NOVEMBRE

Aujourd'hui déconnectez-vous. Pas de téléphone, pas de télévision ni d'internet. Alors, qu'en pensez-vous ? Comment avez-vous vécu votre journée ?

26 NOVEMBRE

Aujourd'hui, n'achetez rien du tout. Comment vous sentez-vous? Qu'avez-vous fait, mangé, bu?

27 NOVEMBRE

Offrez un repas à un sans-abri. Comment vous sentez-vous ? Avez-vous pris le temps de lui parler ?

28 NOVEMBRE

Partez faire une petite marche tout seul. Cela vous a-t-il fait du bien ? Où avez-vous été ?

29 NOVEMBRE

Seriez-vous intéressé(e) par un calendrier de l'avent inversé ? Le principe est simple, prenez une grande boîte en carton et chaque jour déposez-y quelque chose dont vous ne vous servez plus, qui pourrait être utile à quelqu'un dans le besoin. Le jour de Noël ou le lendemain, allez donner votre carton à une association. Qu'en pensez-vous ? Que pourriez-vous mettre dedans ?

30 NOVEMBRE

Triez votre espace de travail. Faites de votre bureau un espace inspirant et calme afin de vous sentir bien lorsque vous travailler. Comment visualisez-vous le bureau de vos rêves ?

1er DECEMBRE

Pour Noël, prévenez votre entourage que vous ne voulez que des expériences ou consommables. Faite la liste de ce qui vous fait envie ici.

2 DECEMBRE

Fini le sapin et les boules en plastiques. Avez-vous des alternatives ? (un « DIY » avec des planches en bois, des feuilles, réutilisez une grande plante ? etc.)

3 DECEMBRE

Avec qui étiez-vous au Noël dernier ? Quels souvenirs vous reviennent ?

4 DECEMBRE

Qu'avez-vous reçu au noël dernier ? Vous souvenez-vous de tous les cadeaux ? Les utilisez-vous ?

5 DECEMBRE

Ce Noël, offrez que des expériences ou des consommables. Notez ici vos idées. Qui pourraient être les destinataires ?

6 DECEMBRE

Allez voir un film au cinéma tout seul. Qu'avez-vous été voir ? Comment vous sentez-vous ?

7 DECEMBRE

Pour les femmes : Ne portez pas de maquillage aujourd'hui. Vous a-t-on dit quelque chose ? Comment vous êtes-vous sentie ?

Pour les hommes : Que pensez-vous des femmes non maquillées ?

8 DECEMBRE

Et si vous offriez un cadeau par personne cette année ?

9 DECEMBRE

Faites le tour de votre cuisine et enlevez les doublons. Qu'avez-vous retrouvé ?

10 DECEMBRE

Passez la journée seul(e) et déconnecté(e). Avez-vous appris quelque chose sur vous ? Qu'avez-vous fait?

11 DECEMBRE

Pourriez-vous organiser un « Secret Santa » au travail ou dans votre famille ? Le principe est simple, une fois la liste des personnes intéressées établie. Chacun pioche le nom de la personne à qui il offrira un cadeau, sans dévoiler son identité. En général, un montant est fixé afin que tout le monde dépense la même valeur. Qu'en pensez-vous ?

12 DECEMBRE

Prenez cinq minutes pour respirer. Comment vous sentez-vous ?

13 DECEMBRE

Baissez la température de votre chauffage d'un petit degré. Cela aura un grand impact à la fin de l'hiver sur votre facture, sur la planète. Alors, avez-vous réellement froid ? Prenez votre plaid ou rajoutez-vous une couche si tel est le cas.

14 DECEMBRE

Prenez des photos quand cela en vaut vraiment la peine. Plutôt que de bombarder et de faire cent photos de la même chose. Essayez de vous imaginer que vous avez un nombre limité de clichés sous votre doigt. Qu'en pensez-vous ?

15 DECEMBRE

Oseriez-vous offrir un cadeau d'occasion ? Quelles sont vos idées et vos bonnes adresses ?

16 DECEMBRE

Cuisinez un plat de votre enfance. Qu'avez-vous fait ? Avec qui l'avez-vous partagé ?

17 DECEMBRE

Idée de cadeau : offrez un cookie jar. Qu'en pensez-vous? De quoi avez-vous besoin ? A qui pourriez-vous l'offrir?

18 DECEMBRE

Passez la journée sans utiliser le four micro-onde. Etait-ce facile ? Êtes-vous dépendant(e) de cet appareil ?

19 DECEMBRE

Pourriez-vous participer à une soupe populaire ? Si oui, regardez si vous en trouvez une près de chez vous et prenez contact.

20 DECEMBRE

Des cadeaux emballés en mode zéro déchet, est-ce possible ? Pourquoi ne pas utiliser des sacs en papier, des foulards ou tout simplement... rien du tout ?

21 DECEMBRE

Il est venu le temps de nettoyer votre boite mail. Quelles sont vos conclusions après une année de nettoyage régulier ?

22 DECEMBRE

Pourriez-vous passer cette journée sans téléphone ? Oui, non ? Pourquoi ?

23 DECEMBRE

Un réveillon zéro déchet, est-ce possible ? Imaginez dès maintenant comment le faire. Peut –être un apéro, des toasts, un bon repas fait maison. Qu'en pensez-vous ?

24 DECEMBRE

Regardez un chouette film de Noël en famille. Qu'avez-vous regardé ? Avec qui étiez-vous ?

25 DECEMBRE

Savourez une bonne embrassade avec un proche. Notez un bon moment de cette journée.

26 DECEMBRE

Revendez en ligne ce que vous n’utilisez pas… même s’il s’agit de cadeaux. Que pourriez-vous vendre ? Pourriez-vous revendre des cadeaux ?

27 DECEMBRE

Quelqu'un vous a blessé un jour, tournez la page et pardonnez intérieurement pour avancer. Que pardonnez-vous ? Comment vous sentez-vous ?

28 DECEMBRE

Que pourriez-vous faire aujourd'hui pour vous sentir l'âme sereine ?

29 DECEMBRE

Après cette magnifique année d'expérimentation, quel est votre volume de poubelles à présent ? (Déchets, recyclable, verre et carton ?)

30 DECEMBRE

Quels sont les résultats de votre check-up santé ? Que devez-vous faire pour être au meilleur de votre forme et la maintenir ?

Cette année était....

LIVRES INTERESSANTS

Vous trouverez ici les livres qui m'ont inspirés certaines questions et actions. Je vous les conseille vivement. Vous pouvez également retrouver leur revue sur ma chaîne YouTube « Simply Sophie » dans la playlist « J'ai Lu ».

- « Essential, Essays by The Minimalists » de Joshua Fields Millburn et Ryan Nicodemus, éditions Asymmetrical Press, (en anglais)
- « Kilomètre zéro » de Maud Ankoua ; éditions Eyrolles
- « La magie du rangement » de Marie Kondo, Pocket éditions.
- « 3 ans de pensées positives » de Laetitia Birbes
- « L'essentiel et rien d'autre » de Fumio Sasaki, Guy Trédaniel éditeur, 2017
- « Minimalism, Live a Meaningful Life" de The Minimalists (Joshua Fields Millburn et Ryan Nicodemus), éditions Asymmetrical Press, Missoula, Montana, 2011 & 2016 (en anglais)
- « Miracle Morning » de Hal Elrod. Editions First, un département d'édi8, Paris, 2016
- « Réveillez vos 4 héros intérieurs » de Xavier Von Dieren, éditions Eyrolles, 2017
- « Zéro Déchet » de Béa Johnson. éditions des Arènes, Paris, 2013

REMERCIEMENTS

Merci ! Merci à toi lecteur de me participer à ce doux rêve. J'espère du fond du cœur que ce cahier vous aidera dans votre recherche du bonheur.

Merci aux éditions Eyrolles de m'avoir envoyé quelques livres qui m'ont été à changer ma façon de penser !

Merci à toutes les magnifiques personnes qui regardent mes vidéos et me suivent dans les réseaux sociaux. Merci pour votre présence et votre soutien constant !

Merci à Laetitia de la chaîne « La maison, le corps, l'esprit » pour sa joie, sa bonne humeur et sa patience !

Merci à mon compagnon pour son soutien constant et son aide technique !

Merci à Amazon de pouvoir me donner les clés et de publier cet ouvrage !

30553776R00210

Printed in Poland
by Amazon Fulfillment
Poland Sp. z o.o., Wrocław